# 민주주의를 어떻게 이룰까요?

내일을 위한 책 ❸

# 민주주의를 어떻게 이룰까요?

플란텔 팀 글 · 마르타 피나 그림 · 김정하 옮김 · 배성호 추천

# 추천의 글

한 권의 책을 통해 새로운 세상과 마주하는 여행을 하는 것은 참 매력적이에요. 바로 이 책이 담긴 '내일을 위한 책' 시리즈가 그렇습니다. 익숙하지만 그간 관심을 기울이지 못했던 우리 사회와 드넓은 세상을 새롭게 보는 길동무가 되어 주는 책이거든요.

사실 이 책은 유럽의 스페인이라는 나라에서 40여 년 전에 처음 나왔어요. 그런데 신기하게도 우리가 발 딛고 살아가는 오늘날 대한민국의 모습뿐 아니라 세계 여러 나라의 모습을 흥미롭게 살펴볼 수 있게 해 준답니다. 책을 펼쳐 보면 눈길을 확 끄는 재밌으면서도 생각을 열어 주는 그림들과 생생하게 마주할 수 있기 때문이에요.

그림과 함께 어우러진 글을 읽노라면 어느새 우리가 낯설게만 느꼈던 독재, 민주주의, 사회 계급, 여자와 남자(양성평등)라는 주제가 쉽고 재미있게 다가옵니다. 그런데 이 주제들은 책 속에서만 마주하는 이야기가 아니랍니다. 바로 지금 친구들과 함께하는 교실 속에서, 또 가족과 함께하는 집에서 언제든 마주할 수 있는 일들이지요.

친구들과 함께 놀 때 누군가의 의견만을 따른다면 기분이 좋지 않을 수 있어요. 서로 의견을 모아서 즐겁게 함께 할 것을 생각하면 좋지만, 힘이 세다는 이유만으로 같이 할 놀이가 결정되면 기분이 좋지 않을 수 있지요. 가족과 함께 외식이나 여행을 갈 때도 마찬가지예요. 서로 의견을 모아서 장소를 정하고 메뉴를 정한다면 훨씬 재밌으면서도 기분이 좋을 것 같아요.

그리고 남자라는 이유로, 또 여자라는 이유로 차별하는 것은 잘못된 생각이에요. 하지만 생활 속에서 종종 '남자가, 여자가'라는 말을 하면서 알게 모르게 여자와 남자에 대한 편견을 갖고 있는 경우도 있어요. '흙수저', '금수저'라는 말처럼 어떤 집에서 태어났느냐에 따라서 차별을 하고 또 새롭게 도전을 할 수 있는 기회마저 주지 않는 것도 바람직하지 않아요.

이 책에서 다루는 주제들은 사람들이 더불어 행복하게 살아가기 위해서 꼭 필요한 내용들이에요. 힘센 사람이 제멋대로만 해서도 안 되고, 신분이 높다고 해서 또 남자라고, 여자라고 해서 차별하는 것도 바람직하지 않아요. 민주주의를 열어 가기 위해서는 생활 속에서 다름을 인정하고, 서로 의견을 모으고 존중하는 것이 필요합니다.

이 책을 읽으면서 여러분들이 만들어 가고 싶은 내일은 어떤 모습인지 떠올려 보면 어떨까요? 여러 뜻 빛깔을 머금은 주제별 그림들을 보는 것만으로도 좋지만, 함께 곁들인 글들을 보고 있노라면 시공간을 넘나드는 이 책의 매력에 흠뻑 빠져들 수 있거든요. 그럼 흥미진진한 책 속 그림과 글들을 읽으면서 자연스럽게 우리가 꿈꾸고 만들어 가고 싶은 세상을 찾아 떠나 볼까요.

배성호. 전국초등사회교과모임 공동 대표

민주주의에서는 사람들이
자유롭게 생각하고,
자유롭게 말하고,
자유롭게 모일 수 있어요.

그래서 모두 함께 참여하고
모두 함께 결정해요.

다른 놀이들과 마찬가지로, 민주주의라는 놀이에도
몇 가지 따라야 할 규칙이 있어요. 바로 법이에요.

민주주의는 모든 사람이 함께 만드는 거예요.
모두가 의견을 말할 수 있어야 하지요.

그러기 위해서 먼저,
비슷한 생각을 가진 사람들끼리 모여요.
그것과 다른 생각을 하는 사람들끼리도 모여요.

그렇게 모여서 정당을 만들어요.

정당들은 국민이 생각하고, 원하고,

요구하는 것을 대표하지요.

하지만 어떤 정당은
모든 사람이 일자리를 갖는 것,
모든 사람이 평등하게 사는 것,
모든 사람이 공부할 수 있는 것,

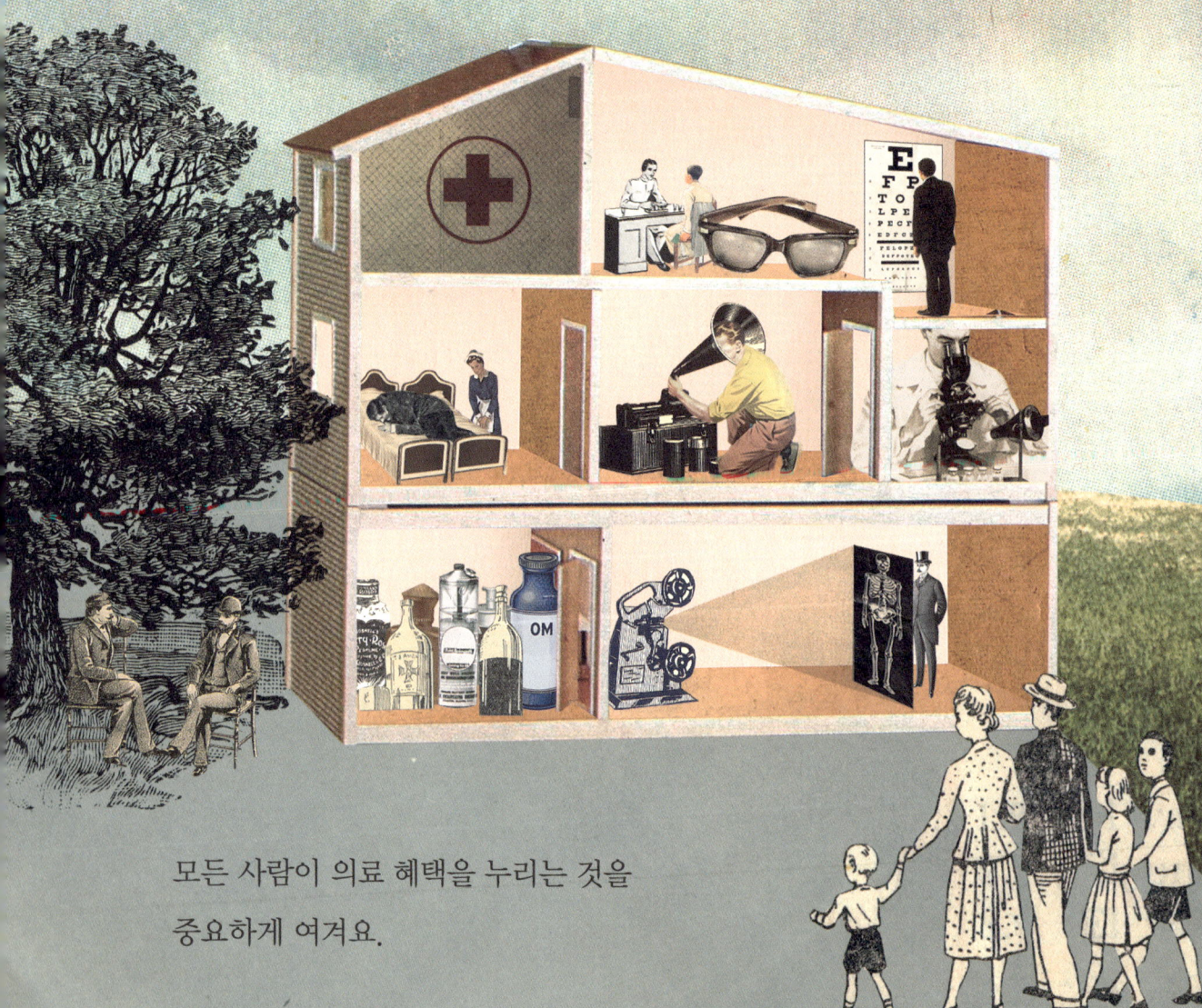

모든 사람이 의료 혜택을 누리는 것을
중요하게 여겨요.

어떤 정당은
나라가 더 부유해지는 것,
더 빨리 발전하는 것,
기업이 더 성장하고 많은 일자리를 만들어 내는 것이
중요하다고 생각해요.

은행이 더 강한 힘을 갖는 것,
돈을 내야만 공부할 수 있게 되는 것.
이런 것을 중요하게 여기는 정당도 있어요.

환경을 위해 사냥과 낚시 금지 구역을 만드는 것,
보다 좋은 환경 속에서 살게 하는 것.
이런 것을 추구하는 정당도 있어요.

국민들 중에는 사회의 안정을 중요시하는 사람도 있고
변화를 원하는 사람도 있어요.

사람들은 가장 마음에 드는 정당에 투표를 해요.
자신과 가장 비슷한 생각을 가진 정당에요.

각 정당은 국민을 대신해 나랏일을 할
후보자들을 내세워요.
그리고 선거를 하게 되지요.

선거권을 가진 사람은 모두 선거에 참여해야 해요.
모두 투표를 해야 해요.
대부분의 나라에서 만 18세 이상만 투표할 수 있어요.
어떤 나라에서는 만 16세 이상, 어떤 나라에서는 만 21세 이상만 투표할 수 있어요.

투표는 권리이기도 하지만,
의무이기도 하거든요.

그렇게 해서 새 정부가 출범해요.
국민들은 대표자들이 내린 결정을 존중해야 해요.

하지만 국민들은
잘된 결정과 잘못된 결정을 알게 되어요.

대표자들이 정직한지 아닌지,
정말로 민주적인지 아닌지
국민들은 알게 되어요.

민주적이기 위해서는

타협할 줄 알아야 하고 공정해야 해요.

정당하게 이기고 질 줄도 알아야 해요.

이렇게 4년이 지나고 나면,
국민들은 더 마음에 드는 다른 정당의 대표자를 뽑을 수 있어요.

그러니까 국민들은 대표자들이 어떻게 나랏일을 하고 있는지 잘 알아야 해요.

그리고 한 사람이 모든 힘을 갖지 않도록
국민 모두가 관심을 갖고 지켜봐야 해요.
왜냐하면 그럴듯한 말과 돈과
지키지 못할 약속들로 사람을 속이는 것은
쉬운 일이거든요.

정부 안에는 여러 정당이 있어요.
어떤 정당은 대표자의 수가 많고
어떤 정당은 대표자의 수가 적어요.
많은 표를 얻은 정당도 있고
적은 표를 얻은 정당도 있기 때문이에요.

민주주의는 모든 사람이 함께할 수 있는 놀이와 같아요.

모두의 자유를 위한 놀이이지요.

# 민주주의에 대해 생각해 보기

1. 민주주의에서 가장 좋은 점이 무엇이라고 생각하나요?
    가. 자유
    나. 모든 사람들이 함께 결정하는 것
    다. 모든 사상에 대한 존중

2. 민주주의가 존재하기 위해 가장 중요한 점이 무엇이라고 생각하나요?
    가. 자유가 있는 것
    나. 선거를 할 수 있는 것
    다. 정당들이 있는 것

3. 민주주의에서는 누가 다스리나요?
    가. 한 사람만이
    나. 모든 사람이
    다. 아무도 다스리지 않는다

4. 민주주의에서 마음에 들지 않는 점이 무엇인가요?
    가. 소수자들이 다수의 결정에 따라야 하는 점
    나. 다시 선거를 할 때까지 기다려야 하는 점
    다. 모든 사람이 자신의 생각을 말할 수 있는 점

5. 민주주의로 한 나라가 제대로 운영될 수 있다고 믿나요? 왜 그렇게 생각하나요?

6. 생활 속에서 민주주의를 느낀 적이 있나요? 언제, 왜 그렇게 느꼈나요?

7. 민주주의가 잘 이루어지고 발전하기 위해서 필요한 것은 무엇일까요?

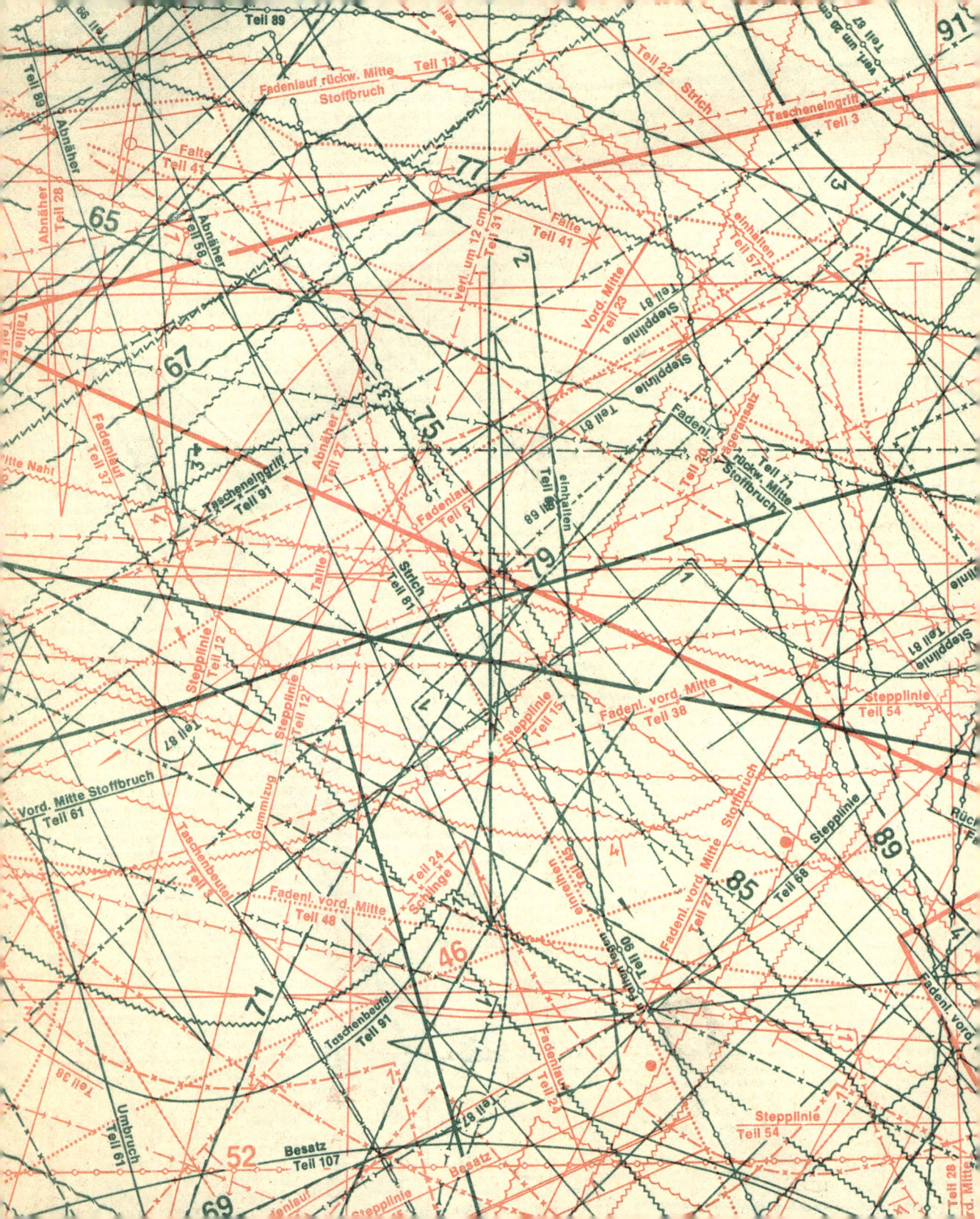

## 민주주의의 어제와 오늘

이 책은 1977년에 스페인에서 처음 나왔어요. 그로부터 40여 년이 지난 지금, 민주주의에는 어떤 변화가 생겼을까요?

1977년에 나온 책을 읽은 어린이들은 그때 여덟 살에서 열 살 정도였어요. 하지만 지금은 어른이 되었고 아마 여러분의 부모님 혹은 삼촌과 비슷한 나이일지도 몰라요. 여러분의 부모님과 마찬가지로, 그때의 어린이들도 그동안 수많은 선거를 치렀을 거예요. 처음 이 책이 나온 뒤로 세월이 많이 흘렀지만, 책에서 이야기하고 있는 내용이 오늘날의 현실과 그리 다르지는 않아요. 물론, 이 책의 내용 중 어떤 것들은 매우 단순하게 설명되어 있어요. 하지만 중요한 것은 정당의 정책이나 선거 진행 방식에 대한 설명 같은 것이 아니에요. 민주주의가 모든 사람의 참여와 노력을 필요로 한다는 내용이 가장 중요하지요.

책에서 나온 것처럼 민주주의는 놀이와 비교할 수 있어요. 하지만 민주주의는 이기고 지는 사람이 생기는 놀이가 아니라, 모든 사람이 이기는 놀이예요.

민주주의라는 놀이에 이겨서 얻게 되는 것은 무엇일까요? 바로, 평소에는 가치 있어 보이지 않지만 사라지거나 줄어들면 비로소 소중함을 깨닫게 되는 것들을 얻게 되어요. 우리가 어떤 세상에서 살고 싶은지를 선택할 자유 그리고 그 세상을 이웃과 평화롭게 함께 누리기 위해 무엇을 할 것인지를 선택할 자유 말이에요.

민주주의는 정치인만의 것이 아니에요. 그리고 이미 완성된 것도 아니에요. 매일 매일, 모든 나라에서, 모든 국민이 자유롭게 선택한 결정에 따라 계속 민주주의를 다듬으며 수준과 질을 높여 가야 해요. 가장 좋은 결정을 내리기 위해 모두 함께 노력하는 방법을 배워야 해요. 그렇게 조금씩 좋은 방향으로 나아가야 한답니다.

### 그림 **마르타 피나**

**1981년 스페인 예클라에서 태어남**

동네 시장과 벼룩시장에 돌아다니기를 좋아합니다. 멋진 것들을 만날 수 있기 때문입니다. 흑백 그림이 있는 옛 잡지들, 예쁜 글자가 쓰인 포스터들 그리고 옛날 사람들이 나와 있는 사진들을 만날 수 있습니다. 사진 속 사람들의 얼굴을 보면서 그들이 어떤 삶을 살았을지 상상해 보려고 합니다. 콜라주 말고도 인쇄물과 관련된 것은 모두 다 좋아합니다. 인쇄술은 매우 오래된 발명품(민주주의만큼 오래되지는 않았지만)이며, 몇몇 이름 있는 사람들과 수많은 이름 없는 사람들 덕분에 계속 발전해 나가고 완벽해지고 있습니다(민주주의처럼). 마르타는 놀이와 실험을 하는 조그만 작업실을 가지고 있는데, 작업실 이름은 '느린 산업'입니다.

**글 플란텔 팀**
내일의 주인공인 어린이들에게 도움이 되는 책을 만들기 위해 만들어진 기획팀입니다. 1977년과 1978년에 걸쳐 스페인 바르셀로나의 라 가야 과학출판사에서 '내일을 위한 책' 시리즈를 처음 출간하였습니다. 그 당시 스페인은 독재자 프랑코가 사망한 지 몇 년 지나지 않은 시기였고, 민주화를 위한 첫 변화들이 탄생하는 과도기를 겪고 있었습니다. 그러한 시기에, 독재, 사회 계급, 민주주의, 양성평등이라는 사회적, 정치적으로 중요한 주제를 어린이들에게 쉽지만 명확하게 전달하고 어린이들이 만들어가야 할 내일의 사회는 어떠해야 하는지를 진지하게 고민해 보도록 이끌기 위하여 '내일을 위한 책' 시리즈를 기획하고 집필하였습니다. 40여 년 전에 처음 출간된 이 책을 읽으면서 그다지 낯설다는 느낌이 들지 않는다면 그것은 그 내일이 아직도 오늘이 아니기 때문일 것입니다. 아직도 늦지 않았기만을 바랄 뿐입니다.

**옮김 김정하**
한국외국어대학교와 대학원, 스페인 마드리드 콤플루텐세대학교에서 스페인 문학을 공부했습니다. 스페인어로 된 재미있는 책들을 읽고 감상하고 우리말로 옮기는 일을 하고 있습니다. 옮긴 책으로 《숲은 나무를 기억해요》, 《집으로 가는 길》, 《아버지의 그림 편지》, 《카프카와 인형의 여행》, 《가브리엘라 미스트랄 시리즈》(전4권) 등이 있습니다.

**추천 배성호**
드넓은 세상에서 아이들이 건강하고 행복하게 성장하길 바라는 초등학교 선생님입니다. 초등 사회교과서 편찬위원, 국립중앙박물관 학교연계교육 자문위원을 지냈으며 지금은 초등 사회교과서 집필 위원과 전국초등사회과모임 공동 대표, 팟캐스트 〈별별 경제 이야기〉 진행을 맡고 있습니다. 지은 책으로는 《우리나라가 100명의 마을이라면》, 《두근두근 한국사》(공저), 《우리가 박물관을 바꿨어요!》 등이 있습니다.

내일을 위한 책 ❸
## 민주주의를 어떻게 이룰까요?

초판 1쇄 발행 2017년 1월 20일 | 초판 8쇄 발행 2023년 12월 15일
글 플란텔 팀 | 그림 마르타 피나 | 옮김 김정하 | 추천 배성호
펴낸이 홍석 | 이사 홍성우 | 편집부장 이정은 | 편집 정미진·조유진 | 디자인 권영은·김영주 | 외주 디자인 나비
마케팅 이송희·김민경 | 관리 최우리·정원경·홍보람·조영행·김지혜
펴낸곳 도서출판 풀빛 | 등록 1979년 3월 6일 제2021-000055호
주소 서울특별시 강서구 양천로 583 우림블루나인 A동 21층 2110호 | 전화 02-363-5995(영업) 02-362-8900(편집) | 팩스 070-4275-0445
전자우편 kids@pulbit.co.kr | 홈페이지 www.pulbit.co.kr | 블로그 blog.naver.com/pulbitbooks | 인스타그램 instagram.com/pulbitkids

ISBN 978-89-7474-136-5 74300
ISBN 978-89-7474-127-3 (세트)

이 도서의 국립중앙도서관 출판예정도서목록(CIP)은 서지정보유통지원시스템홈페이지(http://seoji.nl.go.kr)와
국가자료공동목록시스템(http://www.nl.go.kr/kolisnet)에서 이용하실 수 있습니다.(CIP제어번호: CIP2016030045)

Original title: Cómo puede ser la democracia
Copyright ⓒ for the text: Equipo Plantel, 1977
Copyright ⓒ for the illustrations: Marta Pina, 2015
Copyright ⓒ for the original Spanish edition: Media Vaca, 2015
These books, with illustrations by L.F. Santamaria, were published originally by La Gaya Ciencia in Barcelona in 1977-1978

Korean Translation Copyright ⓒ 2017 by PULBIT Publishing Co.
All rights reserved.
The Korean language edition published by arrangement with
MEDIA VACA through MOMO Agency, Seoul.

이 책의 한국어판 저작권은 모모 에이전시를 통해 MEDIA VACA 사와의 독점 계약으로 도서출판 풀빛에 있습니다.
저작권법에 의해 한국 내에서 보호를 받는 저작물이므로 무단전재와 무단복제를 금합니다.

파본이나 잘못된 책은 구입하신 곳에서 바꿔 드립니다.

 제품명 아동 도서 | 제조년월 2023년 12월 15일 | 사용연령 8세 이상
제조지명 도서출판 풀빛 | 제조국명 대한민국 | 전화번호 02-363-5995
주소 서울특별시 강서구 양천로 583 우림블루나인 A동 21층 2110호
KC마크는 이 제품이 공통안전기준에 적합하였음을 의미합니다.

⚠ 주의
종이에 베이거나 긁히지
않도록 조심하세요.
책 모서리가 날카로우니
던지거나 떨어뜨리지 마세요.